W0001659

Abenteuer altes Rom
Die Geschichte eines Weltreiches

Januskopf
Römische Münze 235 v. Chr.

In neuer Rechtschreibung

1. Auflage 2009
© Arena Verlag GmbH, Würzburg, 2009
Alle Rechte vorbehalten
Illustrationen: Peter Klaucke
Grundlayout: knaus. büro für konzeptionelle
und visuelle identitäten, Würzburg
Gesamtherstellung: westermann druck Braunschweig GmbH
ISBN 978-3-401-05226-7

www.arena-verlag.de

Freya Stephan-Kühn

Abenteuer altes Rom

Die Geschichte eines Weltreiches

Bearbeitet von Ilka Sokolowski
und Friedrich Stephan

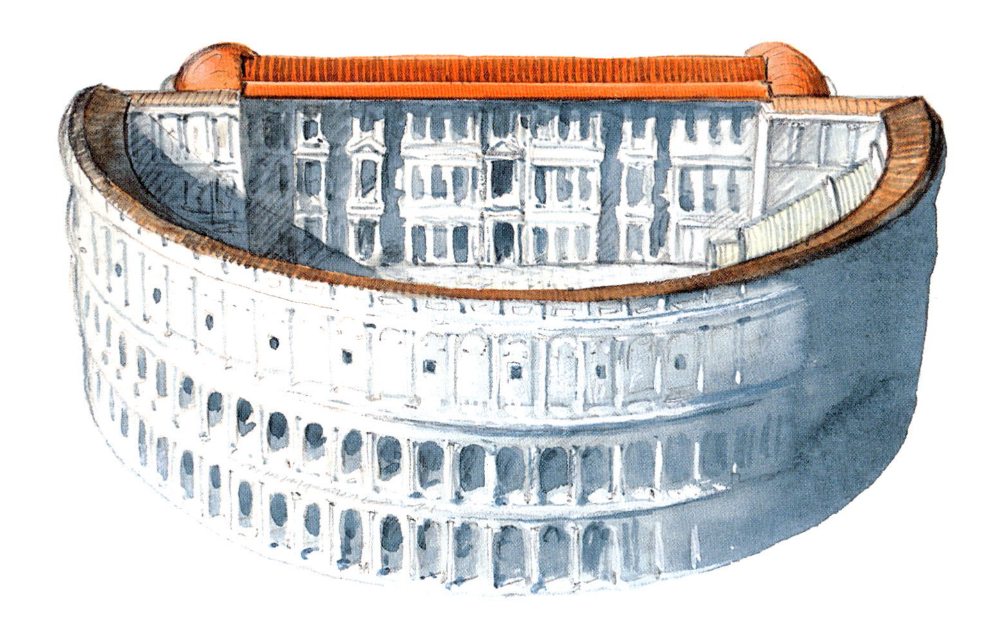

Arena

Die Gründungssage

Romulus und Remus

Romulus und Remus sind Zwillinge. Aber keine gewöhnlichen! Die Sage erzählt, ihr Vater sei der Gott Mars. Ihre Mutter ist eine Königstochter im Reich am Tiber – und Priesterin. Priesterinnen aber dürfen keine Kinder bekommen. Deshalb lässt ihr Onkel Amulius die Mutter töten. Um selbst König zu werden, hat er seinen älteren Bruder abgesetzt. Und die Zwillinge? Auch die will Amulius loswerden. Er lässt die Säuglinge in einem Körbchen auf dem Tiber aussetzen. Doch die Kinder haben Glück. Ihr Körbchen wird an Land gespült.
Dann geschieht etwas Unglaubliches: Eine Wölfin entdeckt die wimmernden Wesen und säugt sie! Als ein Hirte dieses Wunder sieht, nimmt er Romulus und Remus in seine Familie auf. Nachdem sie herangewachsen sind, töten die Zwillinge ihren Großonkel und machen ihren Großvater wieder zum König. Damit nicht genug: Sie beschließen, eine neue Stadt zu gründen.

Roms Entstehung
Im Jahre 753 vor Christus soll Rom gegründet worden sein. »Sieben – fünf – drei: Rom kroch aus dem Ei«, lernten die Schüler früher, um sich das Datum zu merken.

Die Stelle, wo einst ihr Körbchen an Land getrieben wurde, erscheint ihnen günstig. Dort gibt es einen Übergang über den Tiber, den viele Kaufleute benutzen. Außerdem erheben sich sieben Hügel über den Sumpf. Einer davon, das steile Kapitol, kann zu einer uneinnehmbaren Festung ausgebaut werden. Ja, das ist ein guter Platz! Die neue Stadt heißt Rom. Die Zwillinge können sich aber nicht einigen, wer König sein soll. Als Remus auch noch über die niedrige Mauer spottet, die Romulus gebaut hat, bringt ihn dieser um. Und das bleibt nicht die einzige Gewalttat.

Der Raub der Sabinerinnen

Von überall her strömen abenteuerlustige junge Männer nach Rom und helfen, die Stadt aufzubauen. Sie legen auch den Sumpf zwischen den Hügeln am Tiber trocken, indem sie Abwasserkanäle bauen, sogenannte Kloaken.
Doch bald gibt es Schwierigkeiten. In Rom herrscht Frauenmangel. Zum Ärger der Römer weigern sich die umliegenden Völker, ihre Töchter nach Rom zu verheiraten. Romulus spürt, wie die Unzufriedenheit unter den jungen Römern wächst. Da lässt er sich eine List einfallen.
Er lädt zu einem großen Fest ein. Und fast alle Nachbarn kommen! Besonders viele Gäste erscheinen vom Volk der Sabiner. Sie kommen in friedlicher Stimmung und sind unbewaffnet. Die meisten von ihnen haben ihre Töchter mitgebracht. Heimlich sucht sich jeder der jungen Männer aus Rom eines der Mädchen aus. Als die Stimmung auf dem Höhepunkt ist, überschlagen sich die Ereignisse. Die Römer stürzen hervor und jeder von ihnen raubt eines der Mädchen.
Die Eltern schwören bittere Rache. Doch dann kommt alles ganz anders: Den Mädchen gefällt es in Rom, nachdem sie den ersten Schrecken überwunden haben. Darum setzen sie alles daran, ihre Eltern und ihre Ehemänner zu versöhnen. Mit Erfolg! Es gelingt ihnen, den Rachefeldzug der Sabiner zu verhindern. Römer und Sabiner schließen Frieden und bilden von nun an ein Volk. Der Mädchenname »Sabine« erinnert noch heute an diese Geschichte.

Dichtung und Wahrheit
Die Geschichten um Romulus und Remus und um den Raub der Sabinerinnen sind Sagen. Sie haben sich bestimmt nicht ganz so abgespielt. Sicher ist aber, dass die junge Stadt schnell wuchs und keine Angst vor mächtigen Nachbarn hatte.

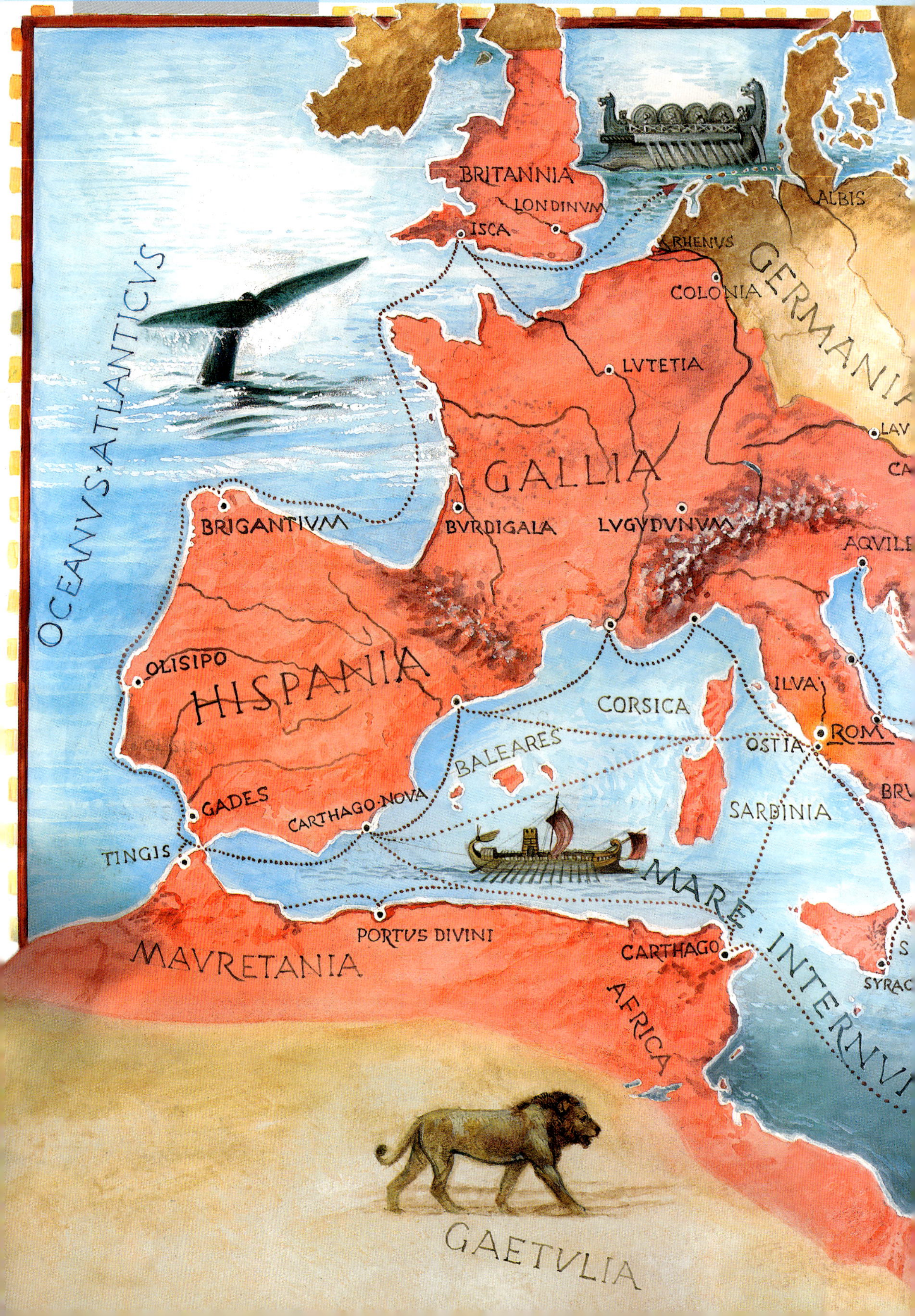
BRITANNIA
LONDINVM
ISCA
RHENVS
ALBIS
COLONIA
GERMANIA
OCEANVS·ATLANTICVS
LVTETIA
GALLIA
BRIGANTIVM
BVRDIGALA
LVGVDVNVM
AQVILE
OLISIPO
HISPANIA
CORSICA
ILVA
ROM
OSTIA
BALEARES
SARDINIA
GADES
CARTHAGO·NOVA
TINGIS
MARE·INTERNVM
PORTVS DIVINI
CARTHAGO
MAVRETANIA
AFRICA
SYRAC
GAETVLIA

Von sieben Hügeln in die Welt

Die Welt spricht Latein

Um 500 v. Chr. sind die Römer die Herren von ganz Latium. Das ist die fruchtbare Landschaft rund um Rom. Ihre Bewohner heißen Latiner. Ihre Sprache ist das Latinische, das wir »Latein« nennen.
Der Aufstieg von der Siebenhügelstadt zur Welthauptstadt geht unaufhaltsam weiter. Nur 387 v. Chr. dringen Gallier von Norden her bis Rom vor. Sie sind kurz davor, auch die Festung auf dem Kapitol zu erobern. Als sie aber nachts heimlich den steilen Felsen hinaufklettern, bricht ein gewaltiger Lärm los: Die heiligen Gänse der Göttin Juno warnen durch ihr Geschnatter die Wachen. Die Römer kommen mit dem Schrecken davon.
Im Jahre 272 v. Chr. gehört schon der ganze Teil Italiens, der auf der Karte wie ein Stiefel aussieht, zum Römischen Reich.

Dann kommen Sizilien, Korsika, Sardinien, Oberitalien, Südfrankreich, Spanien und Nordafrika dazu. In Nordafrika leben die Punier. Deren Hauptstadt ist Karthago nahe der heutigen Stadt Tunis. Um dieses Land kämpfen die Römer in den Punischen Kriegen. Den zweiten Punischen Krieg (218 v.Chr–202 v. Chr.) hätten die Römer fast verloren. Denn der karthagische Feldherr Hannibal steht plötzlich unerwartet vor ihnen. Er ist nicht über den kürzeren Seeweg gekommen, sondern von Spanien aus über die Pyrenäen durch Frankreich und über die Alpen nach Italien gezogen – und das mit einem ganzen Heer und mit 37 Kriegselefanten! Er schlägt ein römisches Heer nach dem anderen. In Rom ertönt der Schreckensruf: »Hannibal vor den Toren«. Doch Hannibal kommt nicht in der Stadt an, die Römer siegen auch in diesem Krieg. 70 Jahre später gehören außerdem Griechenland und ein großer Teil der heutigen Türkei zum Römischen Reich. Um 100 v. Chr. herrschen die Römer rund um das Mittelmeer. Überall spricht man ihre Sprache – Latein.

Die unbesiegbaren Germanen

Vor ungefähr 2.000 Jahren zählen die heutige Schweiz und Österreich, Süddeutschland und Westdeutschland links des Rheins, ganz Frankreich und die heutigen Beneluxländer zum Römischen Reich. Aber der größere Teil Germaniens, wie Deutschland damals heißt, gehört nicht dazu. Rom will Germanien erobern. Daher dringt der römische Feldherr Varus weit ins Landesinnere vor. Aber auf dem Rückweg kommt es zur berühmten »Schlacht im Teutoburger Wald«. Neuere Bodenfunde weisen darauf hin, dass der Schlachtort bei Bramsche in der Nähe von Osnabrück liegt. Unzählige römische Legionäre verlieren in dieser Schlacht ihr Leben. »Varus, gib mir meine Legionen wieder!«, soll der römische Kaiser Augustus gerufen haben, als er die schlimme Nachricht erhält.
Danach versuchen die Römer nicht mehr, Germanien zu erobern. Wo nicht der Rhein die Grenze bildet, sichern sie ihr Imperium (Reich) durch einen Schutzwall, den Limes.

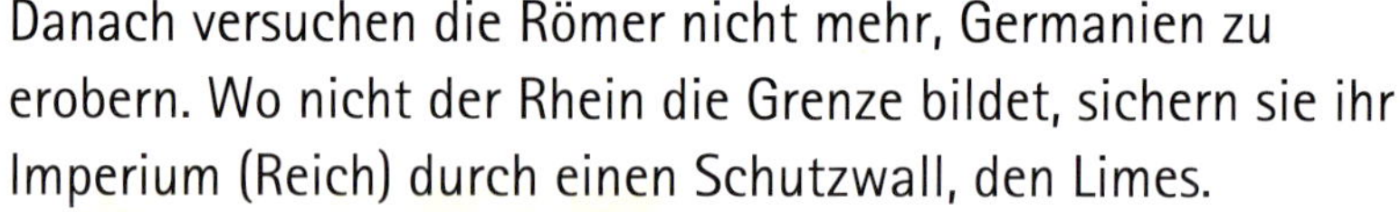

Rom ist die Welt

Unter Kaiser Trajan (98–117) erlebt das Imperium Romanum (das Römische Reich) seine größte Ausdehnung. Es erstreckt sich vom heutigen Iran bis nach Gibraltar, von Syrien bis an die Nordgrenze Englands. Was der Kaiser in Rom entscheidet, führen seine Beamten in den unterworfenen Gebieten, den Provinzen, aus.
In Londinium in der Provinz Britannien gelten dieselben Gesetze, bezahlt man mit demselben Geld, spricht man dieselbe Sprache wie in Damascus in der Provinz Syria. Grenzen gibt es in Europa und rund um das Mittelmeer nicht. Waren können ungehindert von einem Teil des Reichs in den anderen gelangen. Römische Baumeister legen Städte, Straßen und Wasserleitungen an. Der Civis Romanus, der römische Bürger, verbreitet seine Zivilisation im ganzen Imperium Romanum. Nur wenige Menschen erinnern sich noch daran, dass die Römer zu Anfang als grausame Eroberer in ihr Land gekommen sind.

Rom und seine Legionen

Was ist eine Legion?

Schon der Anblick der römischen Legionen ist furchterregend: 4.000 bis 6.000 Fußsoldaten marschieren in einer einzigen Legion auf! Dazu kommen noch die Reiter. Jede Legion ist exakt gegliedert: Bis zu 100 Soldaten sind zu einer Hundertschaft zusammengefasst, der Zenturie. Sechs Zenturien bilden die nächstgrößere Einheit, die Kohorte. Die gesamte Legion schließlich besteht aus zehn Kohorten.

Wie man Legionär wurde

Als Rom noch klein war, diente jeder römische Bürger, der sich eine Rüstung leisten konnte, zugleich als Soldat. Der Adlige zog als Reiter in den Krieg, der reiche Bürger als schwer gepanzerter Fußsoldat. Wer wenig Geld hatte, konnte sich nur leichte Waffen kaufen. Die ganz Armen leisteten keinen Militärdienst.

Doch bald wurde das Römische Reich so groß, dass es nicht mehr genug Soldaten gab, um überall die Grenzen zu sichern. Da warb man auch die armen Bürger, die Proletarier, für das Heer an. Man stellte ihnen eine Rüstung und bezahlte ihnen Sold.

Ein Legionär musste unverheiratet, bei guter Gesundheit und mindestens 1,63 Meter groß sein. Über die Musterung wurde genau Buch geführt. Wehe, es stellte sich später heraus, dass jemand unwahre Angaben gemacht hatte! Dann drohte sogar die Todesstrafe.

War ein junger Mann zum Kriegsdienst zugelassen, lernte er vier Monate lang alles, was ein Legionär können musste.

Wie die Legionen kämpften

Die Disziplin des römischen Heeres erregte überall Erstaunen. Die meisten Völker stürmten in ungeordneten Reihen in die Schlacht. Bei den Römern dagegen gab es ausgeklügelte Formationen und Angriffspläne. Jeder einzelne Legionär kannte seine Position. Ein damaliger Kriegsberichterstatter wunderte sich: »So sehr ist der Gehorsam gegen die Anführer ausgeprägt, dass das Heer in der Schlacht wie ein einziger Körper wirkt, so festgefügt sind die Reihen, mit solcher Leichtigkeit werden Schwenkungen durchgeführt.«
Ob er dabei an die berühmte Schildkröte (testudo) gedacht hat? Dazu hielt die erste Reihe einer Einheit die langen Schilde nach vorn, die Soldaten rechts und links hielten sie zur Seite und die anderen nach oben. So waren die Soldaten wie durch den Panzer einer Schildkröte geschützt. Unaufhaltsam rückten sie im Gleichschritt vor. Widersetzte sich eine Stadt, wurden Rammböcke auf Rädern, fahrbare Türme oder Katapulte (Steinschleudern) eingesetzt. Die eroberte Stadt wurde den Soldaten oft zur Plünderung freigegeben. Ihre Einwohner versteigerte man als Sklaven an Händler, die jedem römischen Heer folgten.

Die Waffen

Zur Ausbildung gehörte der Umgang mit dem Wurfspieß (pilum), dem Schwert (gladius) und dem Dolch. Noch ehe der Legionär mit dem Feind in Berührung kam, schleuderte er das Pilum ab – daher kommt unser Wort Pfeil. Das Pilum war bis zu einem Meter lang und hatte eine eiserne Spitze, die sich beim Aufprall verbog. So konnte der Gegner die Waffe nicht mehr aus seinem Holzschild herausziehen und zurückschleudern. Danach zog der Legionär sein Schwert aus der Scheide, die mit einem Riemen über der Schulter befestigt war. Die Klinge war zweischneidig und über 50 cm lang.
Dann konnte der Legionär noch auf den Dolch zurückgreifen, den er an einem Gürtel über dem Kettenpanzer trug.
Rumpf und Oberschenkel schützte die Lorica, ein Kettenhemd. Es bestand aus etwa 30.000 Eisenringen und wog fast zehn Kilogramm! Es gab auch verschiedenartige Schutzpanzer aus Metall.

Auf dem Kopf saß ein topfförmiger Helm aus Bronze mit einem Nacken- und Wangenschutz.

In der Linken hielt der Legionär den großen gewölbten Schild, das Scutum. Er bestand aus mehreren Holzschichten, die übereinander verleimt waren. Außen war das Scutum mit Leder überzogen und bemalt. In der Mitte gab es zum Schutz der Hand, die den Schild hielt, eine eiserne Verstärkung.

Ein Zentner Marschgepäck

Zur Ausrüstung eines Soldaten gehörten auch Nahrungsmittel, eine Feldflasche mit verdünntem Wein, ein kleiner Eimer und ein Kochtopf. Außerdem eine Ledertasche mit Essgeräten, Werkzeug, Öllämpchen und persönlichen Kleinigkeiten. In einem Sack waren Reservekleidung und ein Kapuzenumhang verstaut. Er schützte vor Regen und Kälte und diente nachts als Bettdecke. All das befestigte der Legionär an einer Stange und trug es so über der Schulter. Insgesamt schleppte jeder wohl einen Zentner mit sich herum – und das oft über 25 Kilometer am Tag!
Acht Kameraden mussten sich ein Maultier teilen. Es trug das drei mal drei Meter große Zelt aus Leder, in dem die Männer nachts schliefen. Es war also kein bequemes Leben, auf das die zukünftigen Legionäre vorbereitet wurden. Auf dem harten Programm standen lange Märsche mit schwerem Gepäck, Übungen im Gebrauch der Waffen, militärischer Drill und taktisches Verhalten im Kampf. Nach der Ausbildung war der junge Mann offiziell römischer Soldat und blieb es 25 Jahre oder länger. Wer tüchtig war, konnte in dieser Zeit auch zum Träger des Legionsadlers oder gar zum Befehlshaber einer Zenturie aufsteigen.

Was die Legionen noch taten

Legionäre mussten auch Straßen bauen. Denn die Legionen sollten schnell von einem Ort zum anderen gelangen. Römische Straßen waren sehr robust. Sie hatten mehrere Unterschichten aus Steinen, Kies und Sand. So bekam die mit Steinplatten belegte Straßenoberfläche einen sicheren Halt. Sie war gewölbt, damit das Wasser abfließen konnte. Flüsse wurden mit Brücken überquert.

Soldaten mussten auch Ziegel brennen, die mit der Nummer der Legion gestempelt wurden. Mit diesen Ziegeln wurden auch Militärlager zum Schutz der Grenzen errichtet. Oft sind aus solchen Lagern später Städte hervorgegangen. Auf dem Stadtplan Kölns ist auch heute noch das rechtwinklige Straßennetz eines römischen Legionslagers zu erkennen.

Könige, Konsuln, Kaiser

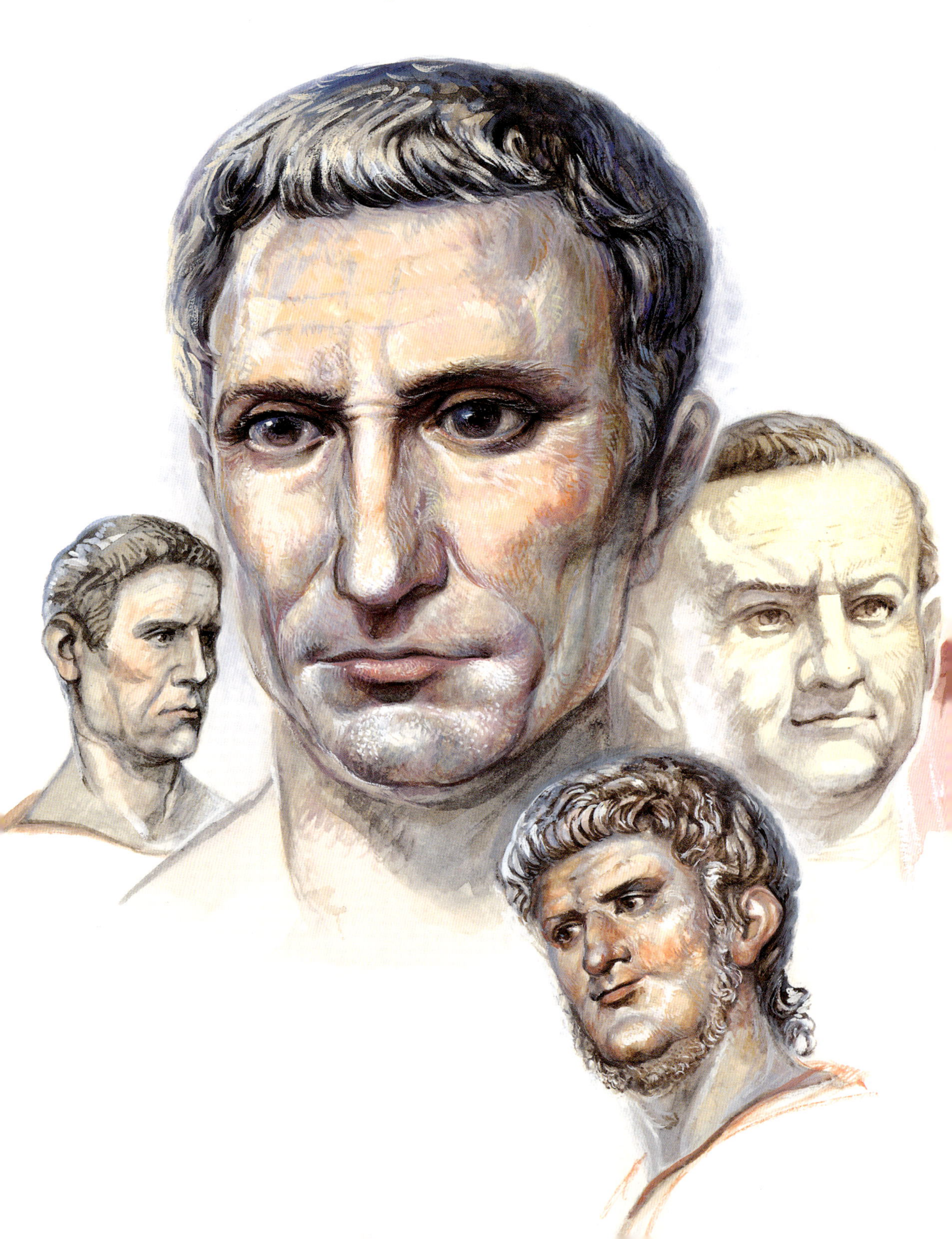

Der Senat und das Volk

Zuerst war Rom ein Königreich. Um 500 v. Chr. brachte aber König Tarquinius durch seine Ungerechtigkeit die Römer gegen sich auf. Einer seiner Söhne drang sogar mit Gewalt ins Schlafzimmer einer Frau ein, deren Mann gerade für Rom im Krieg war. Daraufhin wurden der König und seine Familie aus der Stadt gejagt. Seitdem gab es in Rom statt eines Königs zwei Konsuln, die jedes Jahr neu gewählt wurden. Ein Konsul war zwar ebenso mächtig wie früher der König, aber er musste nach einem Jahr sein Amt wieder abgeben. Außerdem hatten beide Konsuln gleich viel zu sagen.

Für die Tätigkeit im Staat wurde man nicht bezahlt. Darum konnten sich meist nur die Männer aus reichen Familien eine solche Karriere leisten. Die Oberhäupter der vornehmen Familien saßen auch im Senat, dem Rat der Adligen, und bereiteten hier wichtige Entscheidungen und Gesetze vor.

Aber die anderen Bürger waren nicht wehrlos. Ihre Rechte wahrte der Volkstribun. Wenn der Senat einen Beschluss fasste, der gegen die Interessen des Volkes gerichtet war, rief der Volkstribun: »Veto« (»Ich verbiete«).

Die Volksversammlung stimmte über jedes Gesetz ab.

Ein neues Gesetz

Im Jahr 44 v. Chr. wurde in Rom durch die Volksversammlung ein neues Gesetz eingeführt, das auch uns noch etwas angeht. Es könnte etwa so zustande gekommen sein: Zusammen mit Marcus Antonius wird Caesar Konsul. Marcus Antonius schlägt vor, den Monat Quintilis, den Geburtsmonat von Julius Caesar, zu dessen Ehren in Julius umzubenennen. Der Senat stimmt zu, aber die Volksversammlung muss entscheiden. Der Gesetzestext wird in eine mit Gips bestrichene Holztafel eingeritzt und öffentlich ausgehängt. Jetzt können die römischen Bürger beraten. Die Volksversammlung stimmt ab. Schon bald steht das Ergebnis fest: Das Gesetz ist angenommen. Seit dieser Abstimmung heißt der siebte Monat im Jahr »Juli«.

Augustus, der erste Kaiser

Caesar war einer der größten Feldherrn und Politiker, die Rom je gehabt hatte. Viele Römer fürchteten ihn aber, weil er hochintelligent und sehr ehrgeizig war. Sie befürchteten, Caesar wolle König werden und die freien Römer zu seinen Untertanen machen.
Die Senatoren Brutus und Cassius zettelten eine Verschwörung an: Am 15. März des Jahres 44 v. Chr. wurde Caesar während einer Sitzung im Senat erstochen.
Aber das Römische Reich war längst so groß, dass man es nicht mehr mit ein paar jährlich neu gewählten Beamten regieren konnte. Außerdem gab es noch Caesars Adoptivsohn Octavian. Er und Marcus Antonius hatten nicht vor, Caesars Mördern die Macht abzutreten. Es kam zu einem blutigen Bürgerkrieg. Octavian und Marcus Antonius schlugen gemeinsam die Heere von Brutus und Cassius. Doch dann zerstritten sich die Sieger: Octavian behauptete, Antonius sei kein echter Römer mehr, weil er die schöne ägyptische Königin Kleopatra geheiratet hatte. Die ehemaligen Verbündeten führten Krieg gegeneinander. Octavian siegte. Ab dem Jahr 30 v. Chr. herrschte endlich Frieden. Octavian erhielt vom Senat den Beinamen Augustus, das heißt »der Erhabene«.
Aber die Zeiten hatten sich geändert. Augustus und seine Beamten fragten bei neuen Gesetzen zwar immer noch den Senat und die Volksversammlung, doch das geschah nur der Form halber. Das Ansehen des Herrschers war so groß, dass niemand ihm zu widersprechen wagte. In Wirklichkeit traf er also die wesentlichen Entscheidungen selbst.
Augustus versuchte nie, sich König zu nennen. Das war auch nicht nötig, denn aus dem Namen Caesar (den man damals »Kaisar« aussprach) war ein neuer Titel geworden: Kaiser. Damit begann die Kaiserzeit, die bis zum Ende des Römischen Reiches dauerte.

Die Religion der Römer

Römische und griechische Götter

Viele der römischen Götter entsprachen den Gottheiten der Griechen. Die höchsten Götter waren Jupiter, Juno und Minerva. Ihre Tempel standen auf dem Kapitol. Bei den Griechen hießen sie Zeus, Hera und Athene.
Mit dem Götterdienst nahmen es die Römer sehr genau: Kein Wort wurde in einem Gebet ausgelassen. Die Römer glaubten, dass die Götter darum immer auf ihrer Seite standen.

Juno
Jupiters Gemahlin. Sie schützte die Ehe und half bei der Geburt. Juno hieß auch Moneta (»Mahnerin«). Weil in ihrem Tempel die römischen Geldstücke geprägt wurden, nannte man diese auch Moneten. Daher kommt unser Wort Münze.

Jupiter
Vater der Götterfamilie und der Hauptgott Roms. Er sandte Blitz und Donner. Jeder Feldherr opferte in Jupiters Tempel, bevor er in den Kampf zog. Hierhin kehrte er auch nach einem Sieg im Triumphzug zurück.

Minerva
Göttin der Kunst und des Handwerks. Ihr Fest vom 19. bis 23. März jedes Jahres war besonders bei Lehrern und Schülern beliebt: bei Lehrern, weil das jährliche Schulgeld fällig war, bei Schülern, weil sie Ferien hatten.

Mars
Der Kriegsgott galt als Vater von Romulus und Remus. Bei den Griechen hieß er Ares.

Venus
Göttin der Liebe. Die Griechen verehrten sie unter dem Namen »Aphrodite«.

Vulcanus

Der bei den Griechen Hephaistos genannte Gott schmiedete unter dem Vulkan Ätna die Blitze für Jupiter.

Diana

Göttin der Jagd; bei den Griechen hieß sie Artemis.

Merkur

Er überbrachte die Botschaften der Götter, galt aber auch als Schutzherr der Kaufleute und der Diebe. Die Griechen nannten ihn Hermes.

Apollo

Bruder der Göttin Diana. Er gab den Menschen durch seine Weissagungen wertvolle Hinweise.

Pluto und Proserpina
Gemeinsam herrschten sie über das Reich des Todes, die Unterwelt. Ihre griechischen Namen waren Hades und Persephone.

Ceres
Göttin der Erde und des Getreides. Ihr griechischer Name war Demeter.

Neptun
Gott des Meeres. Bei den Griechen herrschte er als Poseidon mit dem Dreizack über die Fluten.

Bacchus
Gott des Weines, von den Griechen als Dionysos verehrt.

Ein Gott mit zwei Köpfen

Einige Gottheiten wurden bei den Griechen kaum, bei den Römern aber besonders verehrt, zum Beispiel der Gott Saturn. Er war, so die Sage, der erste König von Latium. Unter seiner Herrschaft sollen die Menschen glücklich im »Goldenen Zeitalter« gelebt haben. Zur Erinnerung daran feierte man in Rom im Dezember das Fest der Saturnalien. Ein besonderer Höhepunkt war, dass die Sklaven einen Tag lang von ihren Herren bedient wurden.

Typisch römisch war auch der Gott Janus, der dem Monat Januar den Namen gab. Die Römer stellten ihn sich mit zwei Gesichtern vor, von denen eines nach vorne, das andere nach hinten blickte. Der Tempel des Janus war ein Torgewölbe, dessen Flügeltore im Krieg geöffnet waren und im Frieden geschlossen.

Auch die Göttin Vesta genoss hohes Ansehen. In ihrem runden Tempel hüteten ihre Priesterinnen ein Feuer, das niemals ausgehen durfte. Von hier holten die römischen Frauen einmal im Jahr neues Feuer für den Herd in ihrem Haus.

Jede Familie hatte außerdem ihre eigenen Familiengötter, die Laren und Penaten. Deren Bilder befanden sich immer in der Nähe des Herdes. Hier stellte man ihnen auch täglich eine Mahlzeit hin. Jeder Römer besaß überdies noch einen eigenen Schutzgeist, den Genius, dessen Festtag der Geburtstag war. Der Genius des Kaisers wurde vom ganzen Volk verehrt.

Neue Götter aus dem Osten

Je größer das Reich wurde, umso mehr erfuhren die Römer über andere Religionen. Die meisten Römer hatten kein Problem, die eigenen Götter weiterzuverehren und sich gleichzeitig zu einer neuen Religion zu bekennen. Die Priester der ägyptischen Göttin Isis oder des persischen Lichtgotts Mithras versprachen, dass man nach dem Tode weiterleben würde, wenn man sich in die Geheimnisse dieser Religionen einweihen ließ. Bei diesen Mysterien-Kulten ging es sehr geheimnisvoll zu. Aus Palästina kam eine weitere neue Religion nach Rom: das Christentum.

Die Römer und die Christen

In Palästina wird zur Zeit des römischen Kaisers Augustus in einer jüdischen Familie ein gewisser Jesus geboren. Er verheißt den Menschen das ewige Leben, wenn sie an ihn und Gott, seinen Vater, glauben. Viele sehen in ihm den lange erwarteten Messias (griechisch: Christos), den Erlöser. Doch die Priester des Tempels in Jerusalem klagen ihn bei der römischen Provinzregierung wegen Aufruhrs an. Er wird am Kreuz hingerichtet. Seine Anhänger aber verkünden seine Auferstehung von den Toten und verbreiten seine Lehre im ganzen Römischen Reich.
Weil die Christen den römischen Kaiser nicht als Gott anerkennen, werden sie verfolgt.
Dennoch bekennen sich immer mehr Menschen zum Christentum. Da erklärt im Jahre 313 Kaiser Konstantin alle Religionen im Reich für gleichberechtigt. 80 Jahre später jedoch werden alle Religionen bis auf das Christentum verboten. Nur das Judentum wird weiterhin geduldet. Viele alte Tempel werden zu christlichen Kirchen.

Unsere Zeitrechnung

Die Römer zählten die Jahre seit der Gründung Roms. Benannt wurde jedes Jahr nach den beiden Konsuln oder dem Regierungsjahr des Kaisers. Im 6. Jahrhundert errechnete ein christlicher Mönch das Geburtsjahr Christi, zar nicht ganz richtig, aber seine Berechnung setzte sich durch. Seitdem sprechen wir von »vor und nach Christi Geburt«. 753 v. Chr. bedeutet 753 Jahre vor Christi Geburt, 900 n. Chr. heißt 900 Jahre nach Christi Geburt.

Die großen Bauwerke

Das Forum Romanum

Ein Tag in Rom: Auf dem berühmten Forum Romanum am Fuße der Hügel Palatin und Kapitol herrscht reges Treiben. Dieser Platz gilt als der Mittelpunkt des Römischen Reiches. Ursprünglich befand sich hier der Markt der Kaufleute. Dann wurde ein wichtiges öffentliches Gebäude nach dem anderen gebaut, auch Tempel kamen hinzu. Aus Platzmangel mussten die meisten Läden und Marktstände in die Seitenstraßen abwandern. Dort preisen Händler jetzt ihre Waren an. Schwer beladene Fuhrwerke zwängen sich durch das Menschengewühl. Auf dem eigentlichen Forum geschehen inzwischen ganz andere Dinge: Hier geht es um Politik, um große Handelsverträge und um Gerichtssachen. Auch Geldwechsler bieten ihre Dienste an.
Am Nachmittag lässt das Gedränge endlich nach. Jetzt können Schaulustige in aller Ruhe umherschlendern. Mit Ehrfurcht oder Schaudern bestaunen sie die Zeugen römischer Geschichte: Da ist der Janus-Tempel. Dort der heilige Feigenbaum, an dem das Körbchen mit den Zwillingen Romulus und Remus hängen geblieben sein soll. Und da drüben – das finstere Staatsgefängnis. Überall stehen Standbilder von berühmten Persönlichkeiten, Siegessäulen und Triumphbögen. Durch diese Bögen ziehen die römischen Heere nach einem Sieg im Triumph über die Heilige Straße zum Kapitol. Fast alle Bauten bestehen aus Marmor. Viele sind außerdem mit Gold verziert, das in der Sonne blitzt und funkelt.
In den Basiliken, den großen Säulenhallen, werden Geschäfte gemacht. Kaufleute feilschen und verhandeln, bis sie sich einig sind. In den Basiliken wird auch Gericht gehalten. Der Senat tagt in einem besonderen Gebäude, der Kurie. Von der Rednertribüne aus richten die Konsuln und andere Beamte ihre Ansprachen an das Volk.

Der Nabel Roms
Auf dem Forum Romanum befand sich der Punkt, von dem aus alle Entfernungen im Römischen Reich gemessen wurden. Kaiser Augustus ließ ihn durch einen goldenen Meilenstein kennzeichnen, den man wegen seiner Form später auch den »Nabel Roms« und damit der Welt nannte.

Bauwerke für alle Zwecke

Römische Baumeister hielten sich nicht mit dem langwierigen Behauen von Marmorblöcken auf. Sie bauten lieber Wände aus Beton und verkleideten sie mit dünnen Marmorplatten.
Für den oberen Abschluss von Räumen verwendeten die Römer gern keilförmig behauene Steine. Damit ließen sich Bögen und Gewölbe formen. Ohne sie wären die großartigen Wasserleitungen, aber auch viele Abwasserkanäle, Brücken und ein Kuppelbau wie das Pantheon (= »für alle Götter«) nicht möglich gewesen.
Überall gibt es heute noch viele Baureste aus der Römerzeit, zum Teil ganze Römerstädte. Dazu gehört die Stadt Pompeji bei Neapel. Sie wurde im August des Jahres 79 n. Chr. bei einem Ausbruch des Vulkans Vesuv von Asche verschüttet. Heute sind große Teile der Stadt wieder ausgegraben. In Deutschland wurden zum Beispiel in Xanten am Niederrhein und in Kempten im Allgäu alte Römerstädte freigelegt.

Berühmte Bauten der Römer

Das Dach des Tempels Pantheon in Rom ist eine Kuppel mit einem Durchmesser von 43,4 Meter. Diese ruht auf einem ebenso hohen Zylinder. Das Licht fällt durch eine runde Öffnung in der Mitte der Kuppel ein. Am Pantheon haben die Baumeister späterer Zeiten gelernt, wie man Kuppeln baut.

Der Aquädukt (Wasserleitung) bei Segovia in Spanien führt noch heute Wasser über ein Tal. Und zwar auf einer Länge von 800 Metern! Zwei Bogenreihen liegen übereinander. Der Aquädukt ist bis zu 28,5 Meter hoch. Auch der Pont du Gard bei Nîmes in Frankreich mit drei Bogenreihen oder die fast 100 Kilometer lange Wasserleitung ins römische Köln zeigen die Kunst römischer Wasserbauingenieure.

Die Basilika in Trier ist 57 Meter lang, 27,5 Meter breit und 32 Meter hoch. Sie diente als Empfangs- und Gerichtssaal für Kaiser Konstantin. Sein Thron stand in einem halbrunden Anbau im Norden. Durch eine Fußboden- und Wandheizung konnte der Saal auch im Winter genutzt werden. Andere Basiliken haben neben der großen Halle, die man auch das Hauptschiff nennt, noch niedrigere Seitenschiffe. Solche Basiliken wurden zum Vorbild für christliche Kirchen.

Stadthäuser und Villen

In Rom gab es tatsächlich schon Mietshäuser, die bis zu fünf Stockwerke besaßen! Aber wer hier wohnte, lebte gefährlich. Denn viele der Häuser konnten einstürzen und es brannte oft. Wer Geld hatte, leistete sich lieber ein eigenes Haus. Zur Straße hin hatte dieses vielleicht einige Öffnungen (lateinisch: fenestrae), um Licht hineinzulassen, aber nur einen einzigen größeren Zugang. Er konnte mit einem Tor verschlossen werden. Ein Besucher musste zuerst den Sklaven, der an dieser Tür saß, von seinen guten Absichten überzeugen. Dann durfte er durch den dunklen Gang eintreten, der in einen Innenhof führte. Das war das sogenannte Atrium. In dessen Mitte befand sich ein großes Wasserbecken. Hier wurde der Regen gesammelt, der von den nach innen geneigten Dächern abfloss. Im Atrium stand auch der Herd, an dem die täglichen Speisen zubereitet wurden. Der Rauch konnte durch die Dachöffnung abziehen.

Vom Atrium aus betrat man die kleinen Zimmer, den Speiseraum, die Schlafzimmer und die Vorratsräume. Manchmal führte ein Durchgang in einen weiteren, größeren Innenhof, Peristyl genannt. Dieser Hof war von Säulen umgeben. Auch hier gab es in der Mitte ein Wasserbecken. Ein kleiner ummauerter Garten konnte sich anschließen.
Selbst die Kaiserpaläste waren nichts anderes als Erweiterungen dieser Grundtypen des Atrium- und des Peristylhauses.
In den Städten standen nur selten große Privathäuser, denn Boden war knapp und teuer. Auf dem Lande war das anders. Hier bewohnten die Grundbesitzer geräumige Villen mit kostbarer Innenausstattung und großen Parkanlagen. Meist bildete eine solche Villa den Mittelpunkt eines großen landwirtschaftlichen Gutes. Deshalb war sie umgeben von Ställen, Vorratsräumen und Gesindehäusern. Die ausgegrabenen Ruinen solcher Villen locken wegen ihrer Pracht heute viele Besucher an. Doch die meisten Menschen auf dem Lande lebten in kleinen Holz- oder Lehmhäusern. Und von denen gibt es kaum Spuren.

In einem römischen Haus

Die Innenwände der Häuser waren meist kahl. Wer es sich leisten konnte, ließ sie aber gern von Künstlern bemalen. In der Villa der Livia, der Frau des Augustus, fühlen wir uns zum Beispiel in einen Frühlingsgarten versetzt.
Auch die Fußböden waren oft kunstvoll mit Mosaiken verziert. Ein Witzbold ließ sich Knochen, Abfälle und sogar eine Maus in den Fußboden einlegen, sodass es immer aussah, als habe gerade ein großes Gelage stattgefunden. Ein anderer Römer tafelte auf einem Mosaik des Weingotts Dionysos. An einem Hauseingang in Pompeji sollte das Mosaik eines zähnefletschenden Hundes ungebetene Besucher warnen.
Die Häuser der Reichen und manchmal auch die Erdgeschosse von Mietshäusern waren an die öffentliche Wasserleitung angeschlossen. Dafür mussten hohe Gebühren bezahlt werden. Heizungen gab es in den südlichen Ländern des Römischen Reiches kaum. Ein tragbares Becken mit Holzkohle reichte in der kalten Jahreszeit aus.
Weiter im Norden hatte man Fußbodenheizungen. Dazu wurde von einer tiefer gelegenen Heizkammer heiße Luft durch einen Hohlraum unter den Fußboden und dann durch Hohlziegel in den Wänden geführt.
Es gab nur wenige Möbel: ein Bett, Speisesofas, die um einen Esstisch herum standen, vielleicht den einen oder anderen Stuhl oder Sessel, Truhen oder ganz selten Schränke. Öllämpchen spendeten Licht. Wer in Rom umziehen musste, hatte nicht allzu viel mitzunehmen – wenn er nicht zu den ganz Reichen gehörte.

Kleidung und Essen

Die Mode der Römer

Römerinnen und Römer trugen meist eine einfache Tunika. Sie bestand aus einem sackartigen Gewand aus Wollstoff, das bis zu den Knien oder Waden reichte. Für den Kopf und die Arme waren Löcher hineingeschnitten. Durch einen Gürtel um die Taille ließ sich die Länge der Tunika verändern. Während die Tuniken der Männer meist weiß waren, leuchteten die der Frauen rot, gelb, blau oder grün.
Unter der Wolltunika trug man eine Untertunika aus Leinen. Ein windelähnlicher Schurz erfüllte die Aufgaben unserer Unterhosen. Gegen Kälte schützte man sich, indem man mehrere Tuniken übereinander anzog.

Anlegen der Toga

Kleider machen Leute
Die römische Kleidung verriet viel über ihren Träger: Senatoren hatten einen breiten roten Streifen an der Tunika und schwarze Schuhe. Frauen, die drei oder mehr Kinder geboren hatten, durften eine besondere Stola tragen. Jungen hatten einen schmalen roten Streifen an der Toga. Wenn sie 17 wurden, legte man ihnen feierlich die weiße Toga um und betrachtete sie als erwachsen. Eine dunkle Toga war Zeichen der Trauer. Toga und Stola zeigten, dass ihre Träger zu den freien römischen Bürgern gehörten. Kein Fremder, Sklave oder Freigelassener durfte sich darin sehen lassen.

Wollte ein römischer Bürger in der Öffentlichkeit korrekt gekleidet sein, trug er eine Toga. Das war ein bis zu fünf Meter langer schwerer Wollstoff.
Die Toga anzulegen, war so kompliziert, dass sich reiche Leute extra dafür einen Sklaven hielten.
Die römischen Frauen trugen über der Toga die Stola, ein langes Kleid, das bis zu den Füßen reichte und an den Hüften durch einen Gürtel gehalten wurde. Über Toga und Stola konnte man noch unterschiedlich lange Umhänge legen.
An den Füßen trugen die Römer am liebsten Sandalen oder die bequemen Socci – daher unser Wort »Socken«. Socci waren leichte Halbschuhe zum Hineinschlüpfen.

Römische Sandalen

Römische Socci

Das Gastmahl des Trimalchio

Im Hause des reichen Emporkömmlings Trimalchio soll es im ersten Jahrhundert nach Christus ein aufwendiges Menü gegeben haben: Die Vorspeise bildeten grüne und schwarze Oliven, mit Honig und Mohn übergossene gebratene Haselmäuse, Bratwürstchen und Pflaumen aus Damaskus mit Granatapfelkernen. Es folgten Pasteten in Form von Pfaueneiern, gefüllt mit gebratenen Schnepfen.

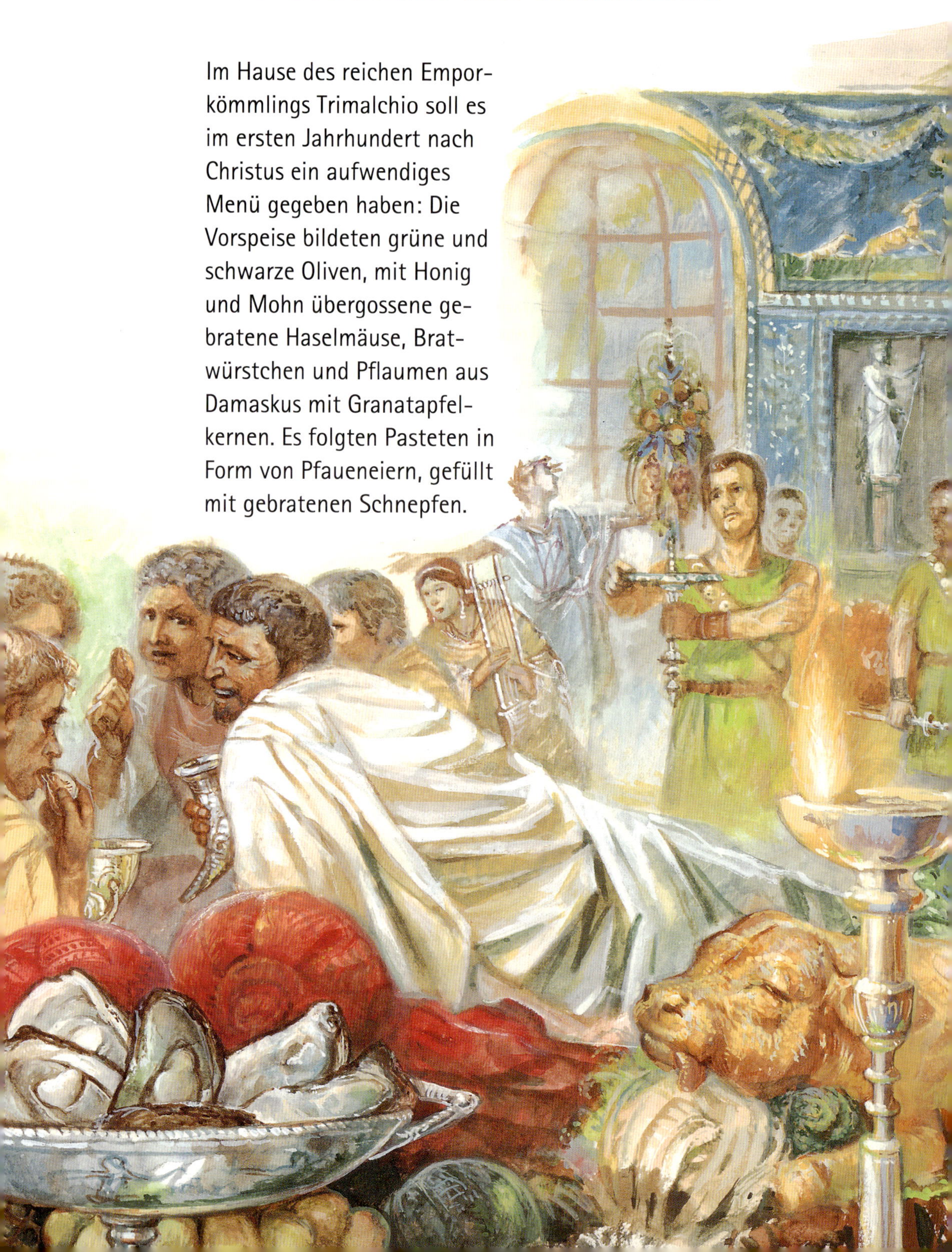

Dann wurde ein großes Tablett aufgetragen, auf dem alle Tierkreiszeichen durch bestimmte Speisen angedeutet waren. Aber das Rindfleisch für den Stier oder die afrikanischen Feigen für den Löwen, um nur einige zu nennen, sahen nicht gerade appetitanregend aus. Als sich die Gäste widerwillig darüber hermachen wollten, hoben Sklaven die ganze Dekoration hoch und die Köstlichkeiten in der Schüssel darunter kamen zum Vorschein: Hühner, Saueuter, ein Hase, alles kunstvoll angerichtet. Dazu gab es eine gepfefferte Fischsoße.

Dann brachte man ein ganzes Schwein, gefüllt mit Brat- und Blutwürsten. Es folgte ein gesottenes Kalb. Doch die Gäste waren schon völlig satt. Sie wollten die nun angebotenen Kuchen und Früchte lieber mit nach Hause nehmen. Aber Trimalchio kannte kein Erbarmen, sondern ließ Masthühner und Gänseeier reichen. Schließlich kam der Nachtisch: gebackene Teigvögel mit Rosinen und Nüssen gefüllt, Quitten, die als Igel zurechtgemacht waren, und vieles mehr . . .

Für einen Apfel und ein Ei

Im Alltag fiel das Essen auch bei wohlhabenden Römern eher einfach aus. Morgens begnügte man sich mit einem Stück Brot, ein paar Oliven, vielleicht etwas Käse. Mittags gab es einige kalte Reste vom Vortag. Die Hauptmahlzeit nahmen die Römer erst ab vier Uhr nachmittags ein. Als Vorspeise gab es grünen Salat, Spargel oder andere Gemüse, ein Ei, Käse oder Fisch. Ein Fleischgericht, zum Beispiel ein Huhn oder Schinken und Würstchen, waren der Hauptgang. Zum Nachtisch reichte man Früchte. Das Essen ging also »vom Ei bis zum Apfel«. Daher kommt das Sprichwort »Für einen Apfel und ein Ei«; es bedeutet »für den Preis einer Mahlzeit«.
Ärmere Leute ernährten sich vor allem von Brot, einem Brei aus Weizen oder Gerste oder Eintopfgerichten aus Erbsen oder Bohnen.

Wasser und Wein

Das wichtigste Getränk war Wasser. Wer etwas Geschmack wollte, fügte einen Schuss Fruchtsaft, Essig oder Wein hinzu. Ob uns alle römischen Weine geschmeckt hätten? Oft waren sie mit Kalk, Marmor, Harz, Pech oder sogar Seewasser gewürzt.

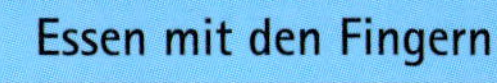

Essen mit den Fingern

Außer einem Löffel kannten die Römer kein Essbesteck. Alle Speisen wurden mundgerecht zurechtgeschnitten, damit man sie mit den Fingern zu sich nehmen konnte.
Und man lag am Tisch! An drei Wänden eines kleinen Raums waren Speisesofas aufgestellt, in der Mitte befand sich der Esstisch. Speiseabfälle wie Knochen ließ man einfach zu Boden fallen, wo sie von den Sklaven aufgekehrt wurden. Da auf jedem Speisesofa drei Personen hintereinander gelagert Platz fanden, konnten bis zu neun Personen von einem solchen Tisch essen.
Für Kinder und Frauen wurde gelegentlich ein Sessel dazugestellt, damit sie im Sitzen essen konnten. Aber für einen ordentlichen Römer gehörte sich das eigentlich nicht.

Vom Leben römischer Kinder

Der kleine Marcus

Im Louvre-Museum in Paris steht ein römischer Sarkophag, ein Sarg, aus dem zweiten Jahrhundert. Er erzählt uns aus dem Leben des römischen Jungen Marcus, der schon als Kind starb. Die Bilder auf dem Sarg zeigen einige Stationen aus seinem Leben. Zunächst sehen wir ihn als Säugling an der Brust der Mutter. Der Vater schaut zu. In der zweiten Szene hält der Vater das Kind im Arm. Diese sogenannte Aufhebung war ein feierlicher Moment. Hierdurch nahm der Vater das Kind in seine Familie auf. Das war wichtig, denn nach römischem Recht hatte der Vater in allen Dingen das letzte Wort.

Bei der Aufhebung bekam der Junge seinen Namen. Er hieß wie der Vater mit Vornamen Marcus und mit Familiennamen Cornelius.

Mädchen bekamen keinen Vornamen, sondern den Familiennamen in seiner weiblichen Form. Wenn der kleine Marcus eine Schwester hatte, hieß sie Cornelia.

Kinderspiele

Arm war die Familie von Marcus nicht. Das sieht man in der dritten Szene, wo Marcus auf einem kleinen Streitwagen steht, der von einem Ziegenbock gezogen wird. Für die meisten Kinder waren dagegen Hasel- und Walnüsse das wichtigste Spielzeug. Die Kindheit wurde auch Zeit der Nüsse genannt. Aus vier Walnüssen baute vermutlich auch Marcus kleine Pyramiden, die er aus einiger Entfernung mit weiteren Nüssen einzuwerfen versuchte. Zielwerfen in ein Gefäß mit engem Hals war ebenfalls beliebt. Oder man musste raten, wie viele Nüsse ein Mitspieler verdeckt in seiner Hand hielt.
Blindekuh, Seilspringen und Ballspiele gab es auch schon im alten Rom. Mit Peitsche und Schnur trieben die Kinder Kreisel aus Ton an, mit einem Stock einen Reifen. Der war manchmal sogar mit Glöckchen versehen und klingelte beim Rollen.

Mit Tafel und Griffel

Als Letztes sehen wir Marcus als Schüler. Er hält eine Buchrolle in der Hand. Das bedeutet, er hat die Grundschulausbildung schon hinter sich. In dieser Zeit hat er hauptsächlich schreiben, lesen und rechnen gelernt.
Vielleicht hatte Marcus einen gebildeten griechischen Sklaven als Hauslehrer. Denn die Römer machten sich bereitwillig das Wissen der von ihnen besiegten Völker zunutze. Eigene Hauslehrer konnten sich aber nur wenige Familien leisten. Die meisten schickten ihre Kinder zu einem Lehrer in die Schule. Der Unterricht fand im Freien statt oder in einem kleinen Laden, der nur durch einen Vorhang von der Straße abgetrennt war. Der Stock des Lehrers sorgte dafür, dass die Kinder nicht unaufmerksam wurden.
Schulfrei gab es auch: An jedem neunten Tag, an allen Feiertagen und natürlich während der heißen Sommermonate von Juli bis September. An den anderen Tagen saßen die Kinder vom frühen Morgen bis zum Mittag über ihre Schreibtäfelchen gebeugt und übten Buchstaben um Buchstaben.
Nach dem lateinischen war das griechische Alphabet an der Reihe, nach den Buchstaben die Silben, danach die Wörter, sowohl die lateinischen als auch die griechischen.
Auch die Grundschüler lernten also schon eine Fremdsprache.
Als Schreibtäfelchen dienten Holzbrettchen, die mit einer Schicht aus Bienenwachs überzogen waren. Mehrere Täfelchen wurden zu einem Heft zusammengebunden. Mit einem spitzen Metallgriffel ritzten die Schüler die Buchstaben in die Wachsschicht ein. Der Griffel hatte auch eine flache Seite, mit der die Wachsschicht wieder geglättet werden konnte.
Fortgeschrittene schrieben mit Feder und Tinte auf Papyrus. Das ist ein papierähnliches Material, das aus den Fasern einer Schilfpflanze gewonnen wird.

Die Grundschüler lernten auch, welche Buchstaben als Zeichen für Zahlen verwendet wurden. Die römischen Zahlen (I = 1, V = 5, X = 10, L = 50, C = 100, D = 500, M = 1000) sind wie die lateinischen Buchstaben noch heute in Gebrauch.

Beim Grammatiker las man Bücher

Nach fünf bis sechs Jahren endete der Schreib- und Rechenunterricht. Mädchen bekamen manchmal zu Hause noch Unterricht in Musik und Tanz. Die Jungen mussten zum Familienunterhalt beitragen. Einige wenige setzten ihre Ausbildung in der Schule des Grammatiklehrers fort. Hier lasen sie große Werke der griechischen und lateinischen Literatur. In den Geschichten über die Irrfahrten des trojanischen Helden Aeneas, den die Römer als ihren Stammvater ansahen, lernten die Schüler zum Beispiel den Mittelmeerraum kennen. Aus anderen Werken erfuhren sie Wissenswertes über Geschichte, Pflanzen und Tiere oder die Bahnen der Gestirne. Das wurde dann vom Grammatiker erklärt und vertieft.

Alle Bücher waren mit der Hand geschrieben. Oft besaß nur der Lehrer ein Exemplar. Die Schüler mussten den Text und die Erklärungen des Lehrers auswendig lernen. Sie verfassten auch Aufsätze in Lateinisch und Griechisch, denn die beiden wichtigsten Sprachen im Römischen Reich musste ein gebildeter Römer beherrschen.

Das aufgerollte Buch
Römische Bücher bestanden meist aus einem einzigen langen Papyrusstreifen. Er war in Spalten beschrieben und wurde mit Stäben zu Rollen gewickelt. Beim Lesen musste man dieses Buch jeweils so weiterrollen, dass die nächste Spalte sichtbar wurde.

Die Kunst des Redens

Die Sprache war der Schwerpunkt der römischen Bildung. Gute Redner wurden hoch geachtet und bewundert. Wenn junge Römer eine Karriere im Heer oder in Politik und Verwaltung machen wollten, war für sie die Ausbildung beim Rhetor unerlässlich. Hier lernten sie, Reden zu halten. Sie erfuhren, wie man die Argumente für eine gute Rede sammelt und den Text kunstvoll ausarbeitet. Es gab Tipps für das Auswendiglernen, für wirkungsvolle Betonungen und Handbewegungen während des Vortrags. Oft wurden den Schülern knifflige Aufgaben gestellt. Zum Beispiel diese: Ein Mann vereinbart mit einem Fischer, dass ihm für eine kleine Geldsumme sein nächster Fang gehören soll. Wie es der Zufall will, verfängt sich ein Goldbarren im Netz. Hat der Fischer nun das Recht, mehr als den zuvor vereinbarten Preis zu fordern? – Als Rechtsanwälte des Fischers oder des anderen Mannes mussten die Schüler die Richter von ihrem Standpunkt überzeugen.

Die tägliche Arbeit

Bauern

Die Landwirtschaft war eine angesehene Tätigkeit. In der Frühzeit des Römischen Reiches galt sie sogar als angemessene Beschäftigung für Senatoren.
Doch ihre Güter waren bald so riesig, dass sie diese nicht mehr selbst bewirtschaften konnten. Sklaven und Sklavinnen erledigten die Arbeit. Es gab aber auch selbstständige Bauern.
Überall wurde Getreide angebaut. In warmen Gegenden lohnte sich der Anbau von Olivenbäumen, aus deren Früchten Öl gewonnen wurde. Viele Leute arbeiteten im Wein- und Obstanbau und in Gärtnereien. Hühner, Gänse und Enten lieferten Fleisch und Eier; Rinder, Schafe, Schweine und Ziegen brachten Fleisch, Milch, Leder und Wolle. Gewässer und Wälder lieferten Fische und Wild, Bienenstöcke den Honig, mit dem man die Speisen süßte. Mit all diesen Dingen wurden auch die großen Städte versorgt. Die Bauern verkauften ihre Waren auf den Märkten.

Handwerker und Kaufleute

Für nahezu jede Tätigkeit gab es einen besonderen Beruf. Für das leibliche Wohl sorgten zum Beispiel Brot-, Pasteten- und Kuchenbäcker. Hier stand der Karren eines Weinhändlers, dort bot ein Wasserverkäufer seine Dienste an. Weber stellten Woll- und Leinenstoffe her, die Bleicher oder Färber sorgten dafür, dass sie weiß oder bunt wurden. Gerber verarbeiteten Tierhäute zu Pergament oder Leder und belieferten die Buchhändler und Schuhmacher. Silberschmiede, Edelsteinschneider, Elfenbeinschnitzer und Perlenhändler fertigten Schmuck an, beim Goldschmied konnte man außerdem Plomben und Kronen für schlechte Zähne bekommen. Aus Terrakotta, das heißt »gebrannter Erde«, stellten Töpfer Essgeschirr, Vorratskrüge und Öllämpchen her, aber auch Zierfiguren und Kinderspielzeug. Reiche Leute ließen sich Fensterscheiben aus Glas anfertigen, das lichtdurchlässig war, aber nicht durchsichtig.

Spezielle Berufe

Auch die Steinmetze hatten viel zu tun. Auf Grabsteinen stellten sie oft sehr plastisch Szenen aus dem Leben der Verstorbenen dar. Auch viele ihrer Statuen, die in Häusern, Gärten oder Parks aufgestellt wurden, wirkten lebensecht. Heute fehlen ihnen leider meist die Augen aus farbigem Marmor, die wiederum von anderen Spezialisten modelliert und eingesetzt wurden.
Vielfältig waren die Bauhandwerke. Oft war es der Abrissunternehmer, der den Bauplatz vorbereitete. Bei unbebauten Grundstücken kam der Landvermesser, um die Grenzen festzulegen. Der Architekt entwarf den Plan und überwachte den Fortgang der Arbeiten, die von Maurern, Zimmerleuten, Mosaiklegern, Stuckateuren, Wandbemalern und anderen Fachleuten ausgeführt wurden.
Für all dies mussten Materialien bewegt werden, sodass man auch Matrosen, Kahnführer und Flößer, Maultiertreiber und Lastwagenlenker, Sackträger und Sandschlepper brauchte.
Damit ist die Aufzählung römischer Berufe keineswegs vollständig. Man konnte auch Arzt, Tierarzt, Wasserleitungsingenieur, Lehrer, Waffenschmied, Flötenmacher, Bootsbauer, Segelhersteller und vieles andere werden.
Meist übernahm der Sohn den Beruf des Vaters.

Und die Frauen?

Über die Berufstätigkeit von Römerinnen wissen wir nicht viel. Man hat einige Grabsteine von Schreiberinnen, Ärztinnen und verschiedenen Händlerinnen gefunden. Häufiger scheinen sie Hebammen, Friseusen und Kindermädchen gewesen zu sein. Wahrscheinlich halfen aber besonders in ärmeren Familien viele Frauen mit, den Familienunterhalt zu verdienen. Witwen und allein stehende Frauen hatten oft ohnehin keine andere Wahl.
Als eigentlicher Arbeitsbereich der meisten Römerinnen wurde das Haus angesehen. Sie erzogen die Kinder und erledigten oder überwachten die Hausarbeiten. Auch Spinnen, Weben und das Nähen von Kleidern für die Familie galten als angemessene Tätigkeit. Einkaufen dagegen war weitgehend Sache der Männer.

Die Reichen und die Mächtigen

Nicht jeder lebte in Rom von seiner Hände Arbeit. Männern der beiden obersten Klassen, den Senatoren und den Rittern, wäre es ausgesprochen peinlich gewesen, wenn man sie mit einem Hobel oder einem Hammer angetroffen hätte.
Senatoren konnten sich nur als Politiker, Offizier, Rechtsanwalt, Richter, Forscher und in Ausnahmefällen auch als Schriftsteller oder Dichter sehen lassen. Zwar brachte das oft nur Ruhm und Ehre ein, aber die meisten lebten ja von den Einnahmen ihrer Landgüter recht gut.
Handels- und Geldgeschäfte durften sie nicht betreiben. Das taten die Männer der zweiten Klasse, die Ritter. Sie steckten ihr Geld zum Beispiel in den Schiffshandel. Aus aller Welt wurden Kostbarkeiten auf Schiffen nach Rom und von dort in die Provinzen transportiert. So manches Schiff ging im Sturm unter oder wurde von Piraten gekapert. Erfolgreiche Handelsfahrten jedoch brachten nicht nur den Kaufleuten, sondern auch denjenigen, die Geld in die Unternehmung gesteckt hatten, riesige Gewinne ein. Viele Ritter wurden auf diese Weise unermesslich reich.

Das bittere Los der Sklaven

Zahlreiche Arbeiten im Römischen Reich wurden nicht von freien Bürgern, sondern von Sklaven ausgeführt. Viele von ihnen waren als Kinder von Sklaven geboren worden, andere wurden als Verbrecher zum Sklavendasein verurteilt, wieder andere gerieten als Kriegsgefangene in die Sklaverei.
Ein hartes Los erwartete sie, wenn sie als Ruderer auf Schiffen oder im Bergwerk eingesetzt wurden.
Über die Arbeit in einem Goldbergwerk in Sizilien ist folgender Bericht überliefert:
»Die Sklaven arbeiten, in Ketten gefesselt, Tag und Nacht. Im Dunkel des Berges, das sie durch Lampen an der Stirn erhellen, brechen die Stärksten unter den strengen Augen und Schlägen der Wächter mit eisernen Hämmern Gänge durch die Felsen. Knaben schleppen die Steinbrocken durch die Schächte hinaus. Die Männer über dreißig zerkleinern sie mit Eisenstößeln, die Frauen und älteren Männer mahlen sie zu feinem Mehl. Die unglückseligen Menschen haben keine Kleider. Sie arbeiten ohne Pause, bis sie endlich an Schlägen, Hunger und Erschöpfung sterben.«

Sklave für immer?

Etwas besser verpflegt und bekleidet wurden Sklaven, die als Landarbeiter auf den Gütern der Großgrundbesitzer arbeiteten.
Aber auch hier waren Schläge durch die strengen Aufseher an der Tagesordnung.
Hin und wieder lehnten sich Sklaven gegen ihr Los auf und flohen. Manche töteten sogar ihre Peiniger. Solche Aufstände bildeten aber die Ausnahme. Millionen von Sklaven waren in Stadt und Land auf Äckern, in Gärten und Ställen, im Haushalt und im Handwerk tätig und konnten sich dabei fast frei bewegen. Auf den Straßen Roms war ein Sklave von einem einfachen römischen Bürger oft nur zu unterscheiden, wenn der Römer eine Toga trug.
Sklaven arbeiteten als Lehrer, Ärzte, Schreiber oder Polizisten. Viele genossen das Vertrauen ihrer Herren. Sie wurden zum Teil auch bezahlt und durften heiraten. Zwar wissen wir von Herren, die ihre Sklaven aufs Grausamste behandelten, aber ebenso finden wir Grabsteine mit liebevollen Inschriften, in denen der Tod von treuen Sklavinnen und Sklaven betrauert wird. Oft konnten sich Sklaven mit dem, was sie verdient hatten, freikaufen. Andere wurden von ihren Herren freigelassen, erbten manchmal sogar deren Vermögen. Dennoch wurden erst die Enkel von Freigelassenen als gleichberechtigte römische Bürger anerkannt.

Der Spartacus-Aufstand
Einzigartig ist der Sklavenaufstand unter Führung von Spartacus. Dieser war aus einer Gladiatorenschule geflüchtet und versammelte ein Heer von 60.000 entlaufenen Sklaven. Das Sklavenheer besiegte 73 v. Chr. mehrfach römische Legionen. Doch dann wurden sie selbst vernichtend geschlagen. Spartacus fiel, 6.000 Sklaven wurden gekreuzigt.

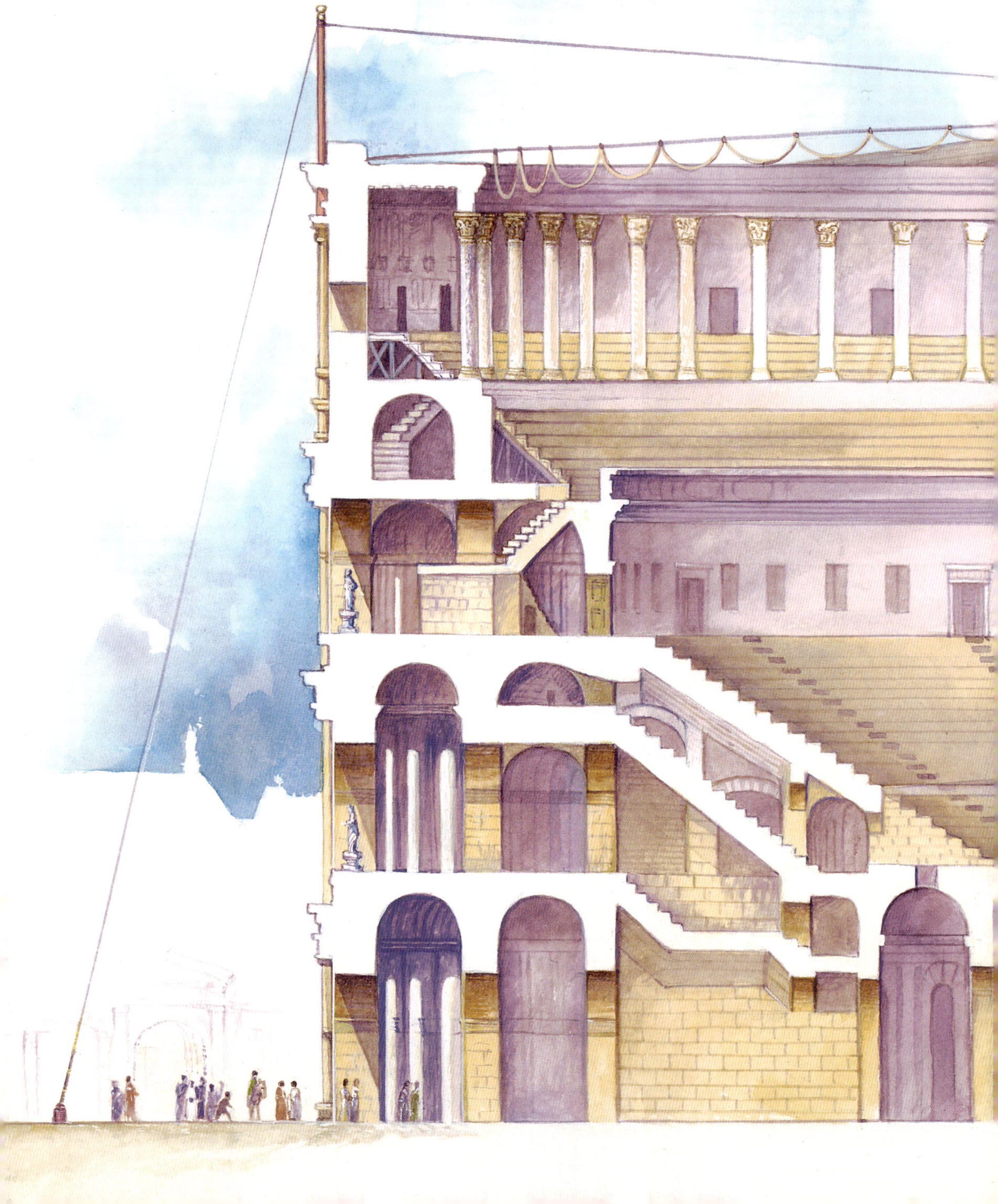

Zeitvertreib im alten Rom

Ein Tag in den Thermen

Jede römische Stadt hatte mindestens eine öffentliche Badeanstalt, eine sogenannte Therme. Das bedeutet so viel wie »Warmbad«.
Die größte Therme eröffnete Kaiser Caracalla im Jahre 216 in Rom: 15 Fußballfelder hätten darin Platz gehabt! Die Thermen waren ein luxuriöses Freizeit- und Erholungszentrum für Männer und Frauen. Da man nackt badete, gab es für die Frauen eigene Baderäume oder besondere Badezeiten. Der Eintritt in die Thermen kostete wenig oder war sogar umsonst. Kein Wunder, dass die meisten Römer beinahe täglich dieses Vergnügen nutzten!
Reichlich Freizeit hatten sie ja, da in vielen Berufen nur bis zum Mittag gearbeitet wurde.
Begleiten wir den jungen Tiberius in die Eingangshalle der Thermen. Einen Moment lang bewundert er die bunte Marmorpracht der Fußböden, Säulen und Decken. Dann entdeckt er seinen Freund Marcus. Schon wollen die beiden ihre Tuniken ablegen, um einen Ringkampf zu machen, als auch Sextus hinzukommt, der drei Bälle mitgebracht hat. Trigon (Dreiball) ist abwechslungsreicher als ein Ringkampf. So behalten die drei ihre Tuniken an und eilen auf den Sportplatz. Sie stellen sich im Dreieck auf. Bald fliegen die Bälle blitzschnell durch die Luft, werden mit der Linken gefangen und dann mit der Rechten weitergeworfen. Dabei kommt man ganz schön ins Schwitzen! Nach einer halben Stunde begeben sich die drei in den Umkleideraum und entkleiden sich. In der Wand sind zahlreiche offene Fächer zum Ablegen der Kleider. Das ist praktisch, aber es besteht die Gefahr, dass etwas gestohlen wird. Wer es sich leisten kann, lässt einen Sklaven zum Aufpassen zurück.
Auf geht es ins Schwitzbad, in dem einem die heiße Luft den Atem nimmt. Der Fußboden, die Wände und die Marmorbänke, auf denen sich Tiberius und seine Freunde niederlassen, sind

warm. Schnell beginnt der
Schweiß zu fließen. Allerdings
nicht so sehr wie bei den Sklaven, die im Untergeschoss unablässig Holz nachlegen müssen, um riesige Mengen an warmem Wasser und heißer Luft zu erzeugen.
Nach dem Schwitzen folgt das Warmbad. Hier reiben sich die jungen Männer gegenseitig mit Öl ein und kratzen sich dann mit Metallschabern Schweiß, Öl und Schmutz von der Haut. Andere Leute im Raum lassen diese Arbeit von einem Sklaven ausführen.
Nach dem Abschaben tauchen Tiberius und seine Freunde im Warmwasserbecken unter, um sich dann im lauwarmen Bad des nächsten Raumes zu entspannen. Schließlich gehen sie kurz noch ins kalte Schwimmbecken, ehe sie sich wieder ankleiden.
Sie bleiben aber noch ein Weilchen, denn die Thermen haben noch mehr zu bieten. Man kann essen, zum Friseur gehen oder sich mit Brett- oder Würfelspielen vergnügen. Auch die luxuriösen öffentlichen Toiletten mit ständiger Wasserspülung sind ein beliebter Treffpunkt. Mancher begibt sich auch in die Bibliothek oder hört zu, wie Gelehrte Vorträge halten oder Dichter und Schriftsteller aus ihren neuesten Werken lesen.

Zum Wagenrennen in den Zirkus

Die römischen Kaiser legten Wert darauf, das Volk bei Laune zu halten. Zum Beispiel mit kostenlosem Getreide und Unterhaltung. Die Forderung »panem et circenses« (»Brot und Zirkusspiele!«) ist zum Sprichwort geworden. Unter Zirkus verstanden die Römer eine lang gestreckte Rennbahn.
Der größte Zirkus in Rom, der Circus Maximus, war außen 600 Meter lang und 200 Meter breit. Seine Tribünen boten etwa 250.000 Zuschauern Platz. Begeistert folgten diese den Pferde- und Wagenrennen. Die Spannung wuchs, wenn die Gespanne mit zwei, drei oder vier, manchmal sogar mit bis zu zehn Pferden die Wendesäule erreichten. Oft kam es hier zu Unfällen, wenn ein Wagen an der Säule zerschellte oder sich verschiedene Wagen verfingen. Dann löste sich das Gedränge auf und es ging zurück zur anderen Wendesäule. Nach sieben Runden stand der Sieger fest.
Meist traten vier Gespanne gegeneinander an. Die Zuschauer wetteten große Summen auf die Sieger. Diese wurden weit über Rom hinaus bekannt. Erfolgreiche Wagenlenker konnten sehr reich werden. Viele aber kamen bei Unfällen um oder wurden zu Krüppeln.

Blutige Kämpfe in der Arena

Gut besucht waren auch die großen Rundbauten, die man Arena oder Amphitheater nannte. Besonders bekannt ist das Kolosseum in Rom. Hier fanden Gladiatorenkämpfe statt, in denen Menschen und Tiere zur Unterhaltung des Publikums gegeneinander kämpfen mussten.
Die Gladiatoren (»Schwertkämpfer«) wurden in eigenen Schulen ausgebildet. Sie lernten den Kampf mit Langschild und Schwert, mit Rundschild und Dolch oder auch mit Netz und Dreizack. Manche Gladiatoren ließen sich freiwillig ausbilden, weil sie der Ruhm und der mögliche Gewinn lockten. Die meisten aber wurden als Kriegsgefangene und Sklaven zum Kampf gezwungen.
Am Tag der Spiele zogen die Gladiatoren feierlich in die Arena ein. Dann traten sie gegeneinander an, bis einer der Gegner kampfunfähig war. Hatte er tapfer gekämpft, bewegte das Volk vielleicht den Kaiser dazu, den Daumen nach oben zu recken. Dann schonte der Sieger den Besiegten. Zeigte der kaiserliche Daumen aber nach unten, wurde der Verlierer getötet.
Manchmal ließ man zum Tode Verurteilte unbewaffnet gegen wilde Tiere antreten. Oder die gesamte Arena wurde geflutet und die Gladiatoren kämpften von Schiffen aus gegeneinander.

Lachen und Weinen im Theater

In den Theatern ging es weniger grausam zu. Ein Theater war ein oben offenes Halbrund, in dem mehrere Tausend Zuschauer Platz fanden. Vorne wurde der Zuschauerraum durch ein mehrstöckiges Bühnenhaus abgeschlossen. Hier befanden sich die Kulissen und Theatermaschinen, mit denen man Donner und Blitz erzeugen und das Publikum auf andere Weise verblüffen konnte. Die Schauspieler gaben durch Masken und durch ihre Kleidung zu erkennen, welche Rolle sie verkörperten, zum Beispiel auch, ob sie einen Mann oder eine Frau darstellten. Gespielt wurden griechische und lateinische Stücke. Man trauerte mit König Ödipus, der unwissentlich seinen Vater ermordet hatte, man lachte über den prahlerischen Soldaten, der von seinem klugen Sklaven an der Nase herumgeführt wurde. Meist handelte es sich um alte, bekannte Stücke. Doch wurden auch immer wieder neue Gesangs- und Tanzeinlagen und andere Sensationen geboten.

Was aus den Römern wurde

Ein neues Rom und der letzte Romulus

Zu Beginn des zweiten Jahrhunderts nach Christus konnte sich noch niemand vorstellen, dass Rom einmal nicht mehr Mittelpunkt der Welt sein würde. Die römischen Bürger waren mit ihrem Leben zufrieden. Dass die Provinzbewohner hohe Steuern bezahlten, kümmerte sie nicht. Im Jahr 212 schaffte Kaiser Caracalla den Unterschied zwischen römischen Bürgern und Provinzbewohnern ab. Jetzt mussten die Römer genauso viele Steuern bezahlen wie alle Reichsbewohner. In vielen Provinzen kam es deshalb zu Unruhen. Das Römische Reich zerfiel. Kaiser Konstantin vereinigte es noch einmal. Aber er regierte nicht von Rom aus.

Im Jahr 330 machte er Byzanz zu seiner Hauptstadt. Ihm zu Ehren wurde sie in Konstantinopolis (Konstantinstadt) umbenannt. Konstantinopel wurde das »neue Rom«. Neben den römischen Senat trat der von Konstantinopel.

Im Jahr 395 wurde das Reich endgültig in eine westliche und eine östliche Hälfte geteilt. Die Westhälfte wurde von Ravenna in Oberitalien aus regiert. Aber zu diesem Zeitpunkt hatte schon die Völkerwanderung eingesetzt. Aus Asien war das Reitervolk der Hunnen nach Europa vorgedrungen. Auf der Flucht vor ihnen verließen germanische Völker ihre Wohnsitze und drangen ins Römische Reich ein. Im Jahr 476 setzte ein germanischer Heerführer den letzten weströmischen Kaiser ab. Der hieß ausgerechnet Romulus, genau wie der Stadtgründer. Im Westen gab es nun kein Römisches Reich mehr. Im Osten bestand es fast ein Jahrtausend weiter. Erst im Jahr 1453 wurde Konstantinopel, das man wieder Byzanz nannte, von muslimischen Türken erobert. Heute heißt die Stadt Istanbul.

Die Römer sind unter uns

Immer wieder stoßen wir auf Zeugnisse der römischen Geschichte. Immer wieder findet man bei Ausschachtungsarbeiten die Grundmauern eines römischen Gutshofes, einen römischen Grabstein oder ein Stück einer Römerstraße. In Müllgruben aus der Römerzeit kommen Keramikscherben zum Vorschein, die von Archäologen wieder zusammengesetzt werden. Römische Mosaike tauchen auf oder ein Stück Wandmalerei, das in seiner Farbenpracht die Jahrhunderte überdauert hat. Die Römer sind auch auf andere Weise in unserem täglichen Leben gegenwärtig. Von der Schrift, den Zahlen und den Monatsnamen war schon die Rede. Wir fahren über Straßen, deren Verlauf die Römer festgelegt haben. Wir wohnen in Städten, die von ihnen gegründet wurden. Wir halten es für selbstverständlich, dass in einem Streitfall vor Gericht beide Seiten angehört werden und dass im Zweifelsfall zugunsten des Angeklagten entschieden wird. Es waren römische Juristen, die diese Rechtsgrundsätze aufgestellt haben.

Eine lebendige tote Sprache

Viele Schüler geben sich täglich mit den Römern ab, wenn Latein auf dem Stundenplan steht. Latein blieb nach dem Untergang des Römischen Reiches in Westeuropa das wichtigste Verständigungsmittel über die Ländergrenzen hinweg. Erst vor ungefähr 500 Jahren hörte man allmählich auf, sich auf Latein zu unterhalten. Aber das scheint nur so. In Wirklichkeit begegnet man der alten Sprache überall. Sie steckt im »Computer« ebenso wie im »Omnibus«, in den »Konserven« wie im »Aquarium« und in vielen anderen deutschen Wörtern. Im Englischen hat mehr als die Hälfte der Wörter eine lateinische Wurzel. Italienisch, Französisch, Spanisch, Portugiesisch und Rumänisch haben sich aus lateinischen Dialekten entwickelt. Die Sprache der alten Römer ist also nicht tot, sondern lebt in vielfältiger Form weiter.

Römische Geschichte im Überblick

Um 1000–700 v. Chr.
Dörfer der Latiner und Sabiner am Tiber

753 v. Chr.
Sagenhaftes Gründungsdatum von Rom

Um 500 v. Chr.
Nach der Vertreibung des letzten Königs wird Rom eine Republik, geleitet von Konsuln.

387 v. Chr.
Die Gallier erobern Rom bis auf das Kapitol.

272 v. Chr.
Rom herrscht über Mittel- und Unteritalien.

201 v. Chr.
Rom besiegt Karthago im Zweiten Punischen Krieg. Es beherrscht jetzt den westlichen Mittelmeerraum.

146 v. Chr.
Karthago wird endgültig zerstört. Die Römer machen auch Griechenland zur Provinz.

133 v. Chr.
Die Römer erben das Reich von Pergamum (Türkei) und beherrschen fast den gesamten Mittelmeerraum.

133–30 v. Chr.
Das Römische Reich dehnt sich bis nach Gallien (Frankreich) aus. In Bürgerkriegen streiten Feldherren um die Herrschaft. Caesar besiegt Pompejus, wird aber 44 ermordet. Die Attentäter unterliegen 42 in Makedonien. Die Sieger Octavian und Marcus Antonius kämpfen zehn Jahre später um die Alleinherrschaft. Octavianus gewinnt. Zu dieser Zeit entstehen große Werke der römischen Literatur, von Autoren wie Lukrez, Catull, Sallust und Cicero.

27 v. Chr.
Octavianus erhält den Ehrennamen Augustus. In Rom beginnt die Kaiserzeit.

9 n. Chr.
Die Römer verlieren die Schlacht im Teutoburger Wald und verzichten auf Germanien nördlich des Mains und östlich des Rheins. Zur Zeit des Augustus schreiben Dichter wie Vergil, Horaz und Ovid bedeutende Werke.

Um 30 n. Chr.
In Jerusalem wird Jesus gekreuzigt.

54–68 n. Chr.
In Rom herrscht Kaiser Nero. Es kommt zur ersten Christenverfolgung.

24. August 79 n. Chr.
Ein Vesuvausbruch lässt Pompeji versinken.

98–117 n. Chr.
Unter Kaiser Trajan erreicht das Römische Reich seine größte Ausdehnung. Das heutige Rumänien wird römische Provinz.

212 n. Chr.
Ein Gesetz hebt den Unterschied zwischen römischen Bürgern und anderen freien Bewohnern des Reiches auf.

313 n. Chr.
Das Christentum wird mit den anderen Religionen im Reich gleichgestellt.

330 n. Chr.
Byzanz wird in Konstantinopel umbenannt und zur Hauptstadt des Römischen Reichs.

375 n. Chr.
Die Hunnen dringen nach Europa ein und lösen die Völkerwanderung aus.

395 n. Chr.
Das Römische Reich wird in eine West- und eine Osthälfte geteilt.

476 n. Chr.
In den Wirren der Völkerwanderungszeit bricht das Römische Reich im Westen zusammen. Der germanische Heerführer Odoaker setzt den letzten weströmischen Kaiser ab. Das Oströmische Reich besteht fort.

528–534 n. Chr.
Kaiser Justinian lässt eine Sammlung des gesamten römischen Rechts herstellen, die zur Grundlage des Rechtswesens in ganz Europa wird und in Deutschland in Teilen bis 1900 gilt.

800 n. Chr.
In Rom krönt Papst Leo III. Karl den Großen an Weihnachten zum römischen Kaiser. Damit entsteht ein neues »Römisches Reich« im Westen.

29. Mai 1453
Mit der Eroberung Konstantinopels durch die Türken endet das Oströmische Reich.

6. August 1806
Kaiser Franz II. verzichtet auf den Titel des römischen Kaisers. Damit endet das Römische Reich auch in seiner neuen Form.

Kleines Lexikon

Ämterlaufbahn
Der Weg über verschiedene Staatsämter zum Amt des Konsul

Amphitheater/Arena
Rundtheater für Gladiatorenkämpfe

Aquädukt
Wasserleitung

Atrium
Innenhof des römischen Hauses, von dem aus man die Wohnräume betrat

Augustus
»Der Erhabene«. Ehrentitel des Senats für Octavian. Als Kaiser Augustus wird er der erste Kaiser in Rom.

Basilika
Große, oft mehrschiffige Versammlungshalle

Caesar
Römischer Feldherr und Politiker (100–44 v. Chr.). Eroberer Galliens und nach dem Bürgerkrieg mit Pompejus (49–45) Alleinherrscher in Rom

Caracalla
Römischer Kaiser (211–217). Nach ihm sind die Caracalla-Thermen in Rom benannt.

Cicero
Römischer Staatsmann, Schriftsteller und Philosoph (106–43 v. Chr.).

Diktator
In der römischen Republik Alleinherrscher in Notzeiten für höchstens ein halbes Jahr

Forum Romanum
Mittelpunkt Roms mit zahlreichen öffentlichen Gebäuden

Freigelassener
Ehemaliger Sklave; noch ohne Bürgerrecht

Gladiator
Kämpfer in der Arena

Hannibal
Feldherr der Karthager im Zweiten Punischen Krieg; bekannt für seine Alpenüberquerung und viele Siege über die Römer

Hippodrom
Griechisch für »Pferderennbahn« (vgl. Zirkus)

Imperium Romanum
Das Römische Reich

Kaiser
Titel der römischen Herrscher seit Augustus

Kapitol
Steilster der sieben Hügel Roms. Auf ihm befanden sich der Tempel der Staatsgötter und die Festung.

Karthago
Phönizische Stadt in Afrika (in der Nähe des heutigen Tunis). Im zweiten Jahrhundert v. Chr. Rivalin Roms um die Herrschaft im westlichen Mittelmeer

Kolosseum
Großes Amphitheater in Rom

König
Herrschertitel in Rom bis etwa 500 v. Chr.

Konstantin
Kaiser von 306–337. Er erkannte das Christentum an.

Konsul
Die beiden Konsuln waren die höchsten Beamten der römischen Republik. Ihre Amtszeit dauerte ein Jahr.

Latein
Sprache der Römer

Latium
Von den Latinern bewohnte Gegend um Rom

Legion
Römische Heereseinheit mit bis zu 6.000 Soldaten

Magistrat
Römischer Beamter zur Zeit der Republik; auch die Gesamtheit aller Beamten

Mosaik
Fußboden- oder Wandschmuck aus kleinen farbigen Steinen

Münzen
Die Römer kannten noch keine Banknoten. Die wichtigsten Einheiten ihrer Währung sind As, Sesterz und Denar. Für die Bezahlung hoher Summen benutzte man Goldmünzen.

Mysterien-Kulte
Religionen, die aus dem Orient nach Rom kamen. Am bekanntesten wurden der Isis- und der Mithras-Kult.

Oströmisches Reich
Östliche Reichshälfte des Römischen Reiches mit der Hauptstadt Konstantinopel. Dort wurde vorwiegend Griechisch gesprochen.

Palatin
Der Hügel Roms, auf dem das Haus des Kaisers, der Palast, stand

Pantheon
Großer Kuppelbau in Rom aus dem zweiten Jahrhundert n. Chr.

Papyrus
Schilfart, aus der man ein papierähnliches Material herstellte

Peristyl
Säulenhof

Pompeji
Stadt am Fuß des Vesuvs, 79 n. Chr. von Asche verschüttet

Proletarier
Armer römischer Bürger, der nichts als seine Nachkommen (proles) besaß

Provinz
Herrschaftsbereich der Römer außerhalb Italiens

Punische Kriege
Drei Kriege zwischen Rom und Karthago, in der Zeit von 264 bis 146 v. Chr.

Republik
Eigentlich »die Sache, die alle angeht«, Name der Staatsform, die in Rom um 500 die Königsherrschaft ablöste

Rhetor
Redner bzw. Redelehrer. Die Rhetorenschule ist mit höheren Schulen und der Universität heute vergleichbar.

Ritter
Nach den Senatoren die angesehensten Männer in Rom, oft sehr reich

Romulus und Remus
Sagenhafte Gründer Roms

Sarkophag
Steinsarg

Senat
Adelsrat; in der Zeit der Republik trafen die Adligen im Senat die wichtigen Entscheidungen.

Senator
Angehöriger des Senats

Sklaven
Menschen, die jemandem gehörten und für ihn arbeiten mussten

Stola
Langes Oberkleid der freien Römerin

Thermen
Badeanstalten der Römer mit verschieden temperierten Wasserbecken und zahlreichen anderen Einrichtungen

Tiber
Fluss, an dem Rom liegt; an seiner Mündung befindet sich die Hafenstadt Ostia.

Toga
Obergewand des freien Römers; langes Wolltuch

Tunika
Gebräuchlichstes Kleidungsstück der Römer, ein einfaches Kleid

Villa
Luxushaus oder Gutshof auf dem Land

Völkerwanderung
Wanderung germanischer Völker seit Ende des vierten Jahrhunderts n. Chr., in der das Weströmische Reich zerfiel

Volkstribun
Beamter, der durch sein Veto gegen Maßnahmen der Patrizier die Rechte der Plebejer schützte

Volksversammlung
Versammlung der freien römischen Bürger, in der Beamte gewählt und Gesetze verabschiedet wurden

Weströmisches Reich
Westhälfte des Römischen Reiches, seit 395 n. Chr. mit eigenem Kaiser. Bestand bis 476 n. Chr.

Zenturie
Eine Untereinheit der Legion und eine Stimmgruppe in der Volksversammlung

Zivilisation
Die Verbreitung der Lebensart der römischen Bürger (lateinisch: civis) im Reich

Zirkus
Rennbahn für Pferde- und Wagenrennen. Bekannt sind vor allem der Circus Maximus in Rom und später der in Konstantinopel (Hippodrom).

Register

Faszinierende Welt der Antike

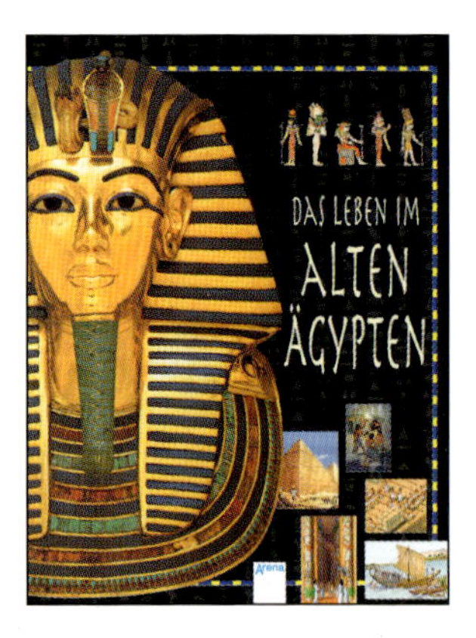

Das Leben im alten Ägypten

Das alte Ägypten gilt als eine der ersten Hochkulturen der Menschheit. Diese Enzyklopädie gewährt Einblick in das längst versunkene Reich der Pharaonen mit seinen riesigen Pyramiden, prachtvollen Tempeln, rätselhaften Hieroglyphen und den geheimnisvollen Mumien. Wir erfahren, wie die Menschen damals wohnten, sich ernährten, welche Berufe sie hatten, wie sie feierten und woran sie glaubten.

128 Seiten. Gebunden. ISBN 978-3-401-05521-3

Das Leben im alten Griechenland

Das alte Griechenland – eine Welt voller Sagen und Mythen, eine Welt voller Herrscher und Helden, eine Welt, die es zu neu zu entdecken gilt. Tausend Geschichten, tausend Fakten sind in diesem Band spannend und bildreich in Szene gesetzt. Hier erfahren wir alles auf den Gebieten der Kunst, Architektur, Literatur, Politik, Philosophie und Wissenschaft.

144 Seiten. Gebunden. ISBN 978-3-401-05999-0

ARENA BIBLIOTHEK DES WISSENS

Eine Auswahl lieferbarer Titel:

978-3-401-05979-2

978-3-401-06064-4

978-3-401-05744-6

978-3-401-06180-1

Bildung ohne Langeweile, dafür steht die „Arena Bibliothek des Wissens". Die großen Ideen und Entdeckungen der Menschheitsgeschichte werden auf unterhaltsame Weise zugänglich gemacht – so wird das Lernen zum spannenden Leseerlebnis.

Jeder Band: Ab 11 Jahren. Klappenbroschur.

www.arena-verlag.de